KÖSTLICHE

SHAKES

ANDREAS SCHWEINBENZ
KIMERA KNOPP

VIBONO
BOOKS

Inhaltsverzeichnis

34

36

38

42

44

46

48

0

54

52

56

58

60

62

66

10

64

68

12

14

18

80

82

84

Inhaltsverzeichnis

88

90

94

98

92

96

100

106

102

108

104

110

112

116

118

120

122

124

126

Inhaltsverzeichnis

TIPPS & TRICKS

130

132

136

134

140

142

138

146

148

150

Vorwort

KIMERA KNOPP

Durch meine Arbeit als Grafikdesignerin für Vibono bin ich zum ersten Mal wirklich ersthaft mit Eiweiß-Shakes in Berührung gekommen. Da ich sehr gerne koche, kam ich davor nicht auf die Idee, Mahlzeiten durch einen Shake zu ersetzen. Das hat sich für mich immer zu sehr nach Diät angehört.

Nicht zuletzt durch die vielen Erfolgsgeschichten von Vibono-Fans bin ich dann aber doch neugierig geworden und habe die Shakes im Selbstversuch getestet. Schnell habe ich die Grundrezepte mit gängigen und exotischen Zutaten verfeinert und die verschiedensten Kombinationen probiert.

Ich war absolut überrascht, wie schmackhaft ein Eiweiß-Shake mit ein bisschen Kreativität sein kann. Für mich früher kaum denkbar, genieße ich heute allein aus Genussgründen ab und an einen Vibono-Shake, besonders gerne nach dem Sport oder zum Frühstück.

Die besten Rezepte meiner Bemühungen finden Sie in diesem Buch, und ich würde mich freuen, auch Ihren Shakes damit ein bisschen mehr Pfiff zu verleihen.

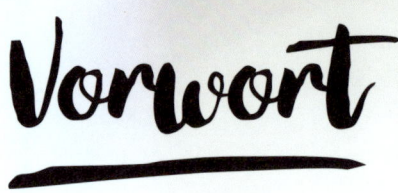

Vorwort

ANDREAS SCHWEINBENZ

Man braucht keine Eiweiß-Shakes um abzunehmen. Man braucht ja auch keine Schwimmflügel um schwimmen zu lernen.

Um dauerhaft abzunehmen, muss man seine Ernährung umstellen. Wie man das anstellt, erkläre ich in unserem kostenlosen Abnehm-Coaching, in den Vibono-Büchern, in der kostenlosen Vibono-App und auf www.vibono.de.

Viele haben allerdings zu wenig Zeit zum Kochen, können es nicht so gut oder suchen ganz einfach ein Hilfsmittel, mit dem sie nichts falsch machen. In diesen Fällen sind Eiweiß-Shakes eine gute Alternative.

„Standardrezepte" nach Verpackungsanleitung werden jedoch schnell langweilig, so dass ein wichtiger Aspekt beim Abnehmen auf der Strecke bleibt: der Genuss.

In diesem Buch haben wir daher unsere köstlichsten Shake-Rezepte zusammengetragen. Außerdem erläutern wir auf einigen Seiten, wieso man mit Eiweiß so gut abnehmen kann und welche Tipps sich auf andere Mahlzeiten übertragen lassen.

Ich wünsche viel Genuss und gute Laune!

1. EIWEISS MACHT SCHLANK

Während Kohlenhydrate und Fett Energielieferanten sind, ist Eiweiß in erster Linie Baumaterial für den Körper. Bei der Umwandlung in Energie geht ein erheblicher Teil der Kalorien verloren (Thermogenese).

2. EIWEISS MACHT LÄNGER SATT

Eiweißreiche Mahlzeiten sättigen gut und lange, am besten in Kombination mit Ballaststoffen.

3. EIWEISS IST WICHTIG FÜR DIE KÖRPERZELLEN

Die Aminosäuren des Eiweißes sind wichtige Bestandteile von Körperzellen, Haut und Haaren, Muskelgewebe, Enzymen und Hormonen.

4. MUSKELN BRAUCHEN EIWEISS

Bei einer negativen Energiebilanz, die entscheidend fürs Abnehmen ist, neigt der Körper dazu, die Muskeln als Großverbraucher abzubauen. Eiweiß ist wichtig, um Muskeln zu erhalten, zu regenerieren und aufzubauen.

5. EIWEISS STÄRKT DAS IMMUNSYSTEM

Der Körper braucht bestimmte Aminosäuren, um Antikörper zu bilden, die Infektionen abwehren können.

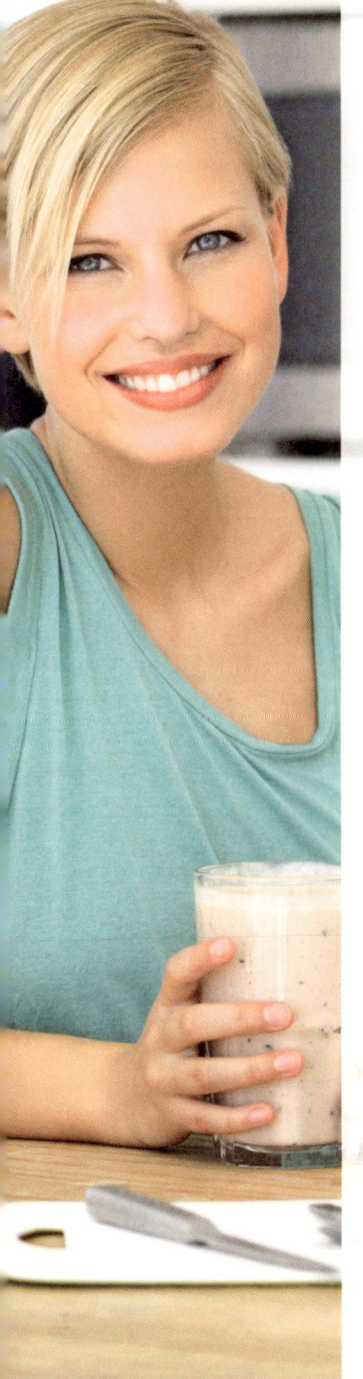

6. EIWEISS SORGT FÜR GUTE LAUNE

Aus den Aminosäuren Tryptophan und Tyrosin stellt der Körper die Glückshormone Dopamin und Serotonin her, die die Stimmung heben.

7. EIWEISS WAR FÜR DIE ENTWICKLUNG DER MENSCHHEIT UNENTBEHRLICH

Ohne Eiweiß hätte sich der Mensch nicht so gut entwickeln können. Vor allem für die Entwicklung des Gehirns war Eiweiß extrem wichtig.

8. MIT EIWEISS AM ABEND SCHLÄFT MAN BESSER

Bei normalem Insulinspiegel ist der Körper nicht mit Fetteinlagerung beschäftigt, sondern kann in Ruhe Fett abbauen.

9. EIWEISS HILFT BEI DER ERNÄHRUNGSUMSTELLUNG

Wer Eiweißhaltiges statt Süßigkeiten isst, tut einen wichtigen Schritt, um seine Essgewohnheiten umzustellen, weil der Genuss von Eiweiß keine Insulinausschüttung provoziert.

10. EIWEISS SCHMECKT LECKER

Eiweißhaltige Lebensmittel lassen sich extrem lecker zubereiten, egal ob Fleisch, Hülsenfrüchte oder Eiweiß-Shakes.

WIESO MAN MIT EIWEISS-SHAKES SO GUT ABNEHMEN KANN

Einfache Kohlenhydrate machen dick. Eiweiß macht schlank. Daher werden Abnehmbemühungen bei eiweißreicher Ernährung mit schnellen Erfolgen belohnt. Natürlich ist es am besten, wenn man sich entsprechende Mahlzeiten selbst zubereitet. Im Alltag fehlt dafür jedoch leider häufig die Zeit.

Eine sehr gute Alternative sind dann Eiweiß-Shakes, die in wenigen Minuten zubereitet sind – zumal sie sich mit leckeren weiteren Zutaten und dem richtigen Zubehör, wie einem Pürierstab, in kulinarische Leckerbissen verwandeln lassen.

Kohlenhydrate und Fette stellen für den menschlichen Körper Energielieferanten dar, die er schnell und einfach nutzen kann. Die Energie nutzt er für den Erhalt der Körpertemperatur, für den Betrieb aller Organe inklusive des Gehirns sowie für jede Art von Bewegung. Was gerade nicht benötigt wird, wird für schlechtere Zeiten (die allerdings selten eintreten) in den Fettzellen gespeichert.

Eiweiß dagegen besteht aus Aminosäuren, die dem Körper vorrangig als Baumaterial dienen, z.B. für Knochen, Haare und alle Zellen, aus denen wir bestehen.

Werden dem Körper weniger Kohlenhydrate und Fette zugeführt als für seinen Tagesbedarf benötigt, ist er glücklicherweise in der Lage, auch Eiweiß in die benötigte Energie umzuwandeln. Allerdings geht dabei ungefähr ein Viertel der enthaltenen Energie verloren. Diese schlechte Energieausnutzung ist beim Abnehmen sehr willkommen, da die verpufften Kalorien nicht mehr auf den Hüften landen können.

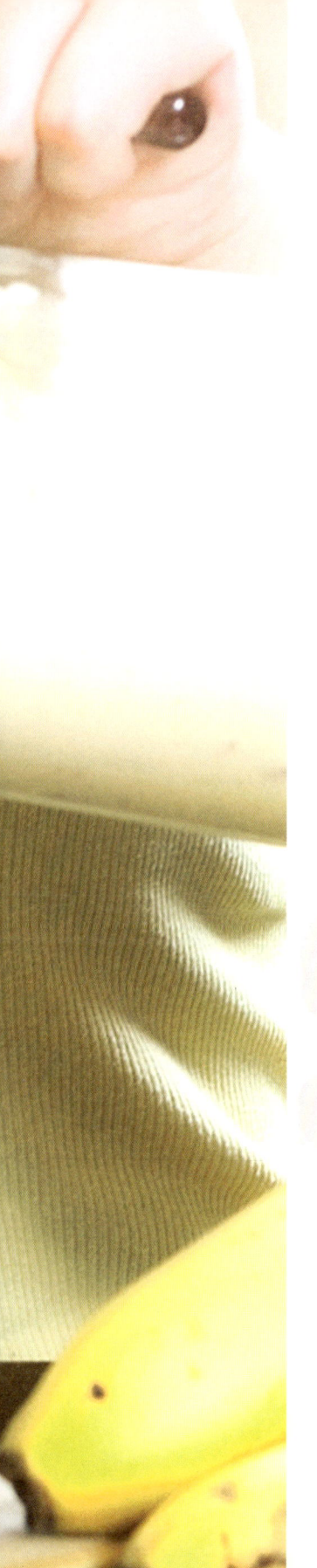

EIWEISS-SHAKES ZUBEREITEN

Neben den Zutaten benötigt man die folgenden Küchenutensilien, um einen Shake zuzubereiten: einen Rührbecher, einen Stabmixer und einen Löffel. Häufig braucht man noch ein Messer und einen Obstschäler, ab und zu eine Reibe oder ein anderes, meist vorhandenes Küchenwerkzeug.

In einigen Rezepten werden nur Zutaten verwendet, die nicht püriert werden müssen. Diese kann man auch in einem Schüttelbecher, z.B. dem Vibono-Shakerbecher, mixen. Wenn vorhanden, kann man natürlich auch einen Standmixer verwenden.

Die meisten Zutaten sind in Supermärkten, Discountern oder Bio-Läden erhältlich. Allenfalls das eine oder andere Gewürz muss man sich in spezialisierten Geschäften besorgen – oder man ersetzt es durch ein vorhandenes.

Bei den meisten Rezepten verwenden wir fettarme Kuhmilch. Natürlich kann man auch Vollmilch verwenden, dann erhöht sich die Energiedichte des Shakes allerdings geringfügig.

Alternativ zu Kuhmilch kann man auch Mandel-, Soja- oder Reismilch verwenden. Die angegebene Energiedichte verändert sich dann bei gleicher Menge höchstens in der ersten Nachkommastelle.

Bei einigen Rezepten empfehlen wir, Flohsamenschalen hinzuzugeben (s. S. 76). Sie bewirken, dass der Shake länger satt macht. Wer möchte, kann sie weglassen oder bei anderen Rezepten hinzugeben, auch wenn sie nicht explizit erwähnt werden.

DIE VIBONO-GESCHMACKSSORTEN

Im Handel sind Eiweißpulver in den abenteuerlichsten Geschmacksrichtungen zu finden. Bei Vibono beschränken wir uns ganz bewusst auf drei Sorten: Sahne-Vanille, Schoko-Nougat und „Pur". Mit frischen Zutaten, Nüssen und Gewürzen lassen sich damit Genüsse zaubern, gegen die die künstlichen Aromen anderer Anbieter wie langweilige Genusskillern wirken.

Das „Vibono Protein Pur" enthält weder künstliche Aromen noch Süßungsmittel. Es stellt damit die ideale Basis für Rezepte dar, bei denen der Eigengeschmack der Zutaten im Vordergrund stehen soll. Inbesondere eignet es sich auch sehr gut als Mehlersatz bei der Zubereitung von Pfannkuchen. Da viele Konsumenten jedoch ihre Geschmacksknospen erst noch von häufig süßen und von Fertigprodukten geprägten Essgewohnheiten umgewöhnen müssen, ist das „Pur" für manche zu Beginn etwas „zu gesund".

Am beliebtesten ist das „Vibono Protein Sahne-Vanille". Sein sahniger Vanillegeschmack erfreut den Gaumen schon bei der originalen Zubereitungsweise. Gerade in Frühstücksrezepten harmoniert es jedoch auch perfekt mit den angenehmen Säuren von Joghurt, Quark oder anderen Milchprodukten. Es passt geschmacklich auch wunderbar zu frischem Obst, Vollkorn-Cerealien und Nüssen.

Das „Vibono Protein Schoko-Nougat" ist bei Naschkatzen besonders beliebt. Das cremig-schokoladige Aroma passt perfekt zu Bananen, Herbstfrüchten und Beeren, lässt sich aber auch durch Gewürze, Nüsse und Kerne hervorragend ergänzen.

Pur

Sahne-
Vanille

Schoko-
Nougat

DIE SHAKES DÜRFEN NICHT ZU SÜSS SEIN.

DIE AROMEN MÜSSEN ALS ANGENEHM UND NICHT ÜBERTRIEBEN WAHRGENOMMEN WERDEN.

DIE BIOLOGISCHE WERTIGKEIT MUSS MÖGLICHST HOCH SEIN.

DIE QUALTITÄT DER ZUTATEN MUSS SEHR HOCH SEIN (Z.B. GENFREI).

DIE VIBONO-EIWEISS-REZEPTUREN

Die Rezepturen unserer Eiweiß-Shakes sind einzigartig. Bei ihrer Gestaltung haben wir uns von den folgenden Grundsätzen leiten lassen:

Im Vergleich mit anderen, im Handel erhältlichen Eiweißpulvern sind die Vibono-Shakes in den Originalrezepturen meist weniger süß. Das ist beabsichtigt, um dabei zu unterstützen, von häufig vorhandenen Vorlieben für süße Lebensmittel wegzukommen. Abgesehen davon kann jeder selbst, beispielsweise durch reifes Obst, zusätzliche Süße in die Shakes bringen. Die verwendeten Süßstoffe sind wohldosiert. Aspartam enthalten die Vibono-Shakes nicht.

Die Qualität eines Eiweiß-Shakes wird ganz wesentlich von den verwendeten Inhaltsstoffen bestimmt. Dabei gelten für uns höchste Qualitätsmaßstäbe. Insbesondere wird kein genmanipuliertes Eiweiß verwendet. Bei der Zusammensetzung der Komponenten achten wir darauf, eine möglichst gute Aminosäurenbilanz zu erzielen, die sich in einer hohen biologischen Wertigkeit niederschlägt.

Künstliche Vitamine (mit Ausnahme von Vitamin B6, das zur Verstoffwechslung von Eiweiß benötigt wird) und Mineralstoffe sind unseren Eiweiß-Shakes nicht beigegeben. Denn gerade durch die Kombination mit frischen Zutaten kommen ja Vitamine und Mineralstoffe ins Glas. Wer einen Shake ohne weitere Zutaten genießt, nimmt bei Bedarf besser eine Multi-Vitamin-Kapsel (z.B. Vibono Basic).

WICHTIGER ALS DIE NÄHRSTOFFE: DIE ENERGIEBILANZ

Die Frage des Abnehmens wird häufig auf das Duell Kohlenhydrate gegen Eiweiß reduziert. Dieses ist jedoch nur ein Teilaspekt des Themas.

Zum Abnehmerfolg führt nur, weniger Energie zu sich zu nehmen als man verbraucht. Dann nämlich muss der Körper das Defizit durch Kalorien decken, die er aus den gespeicherten Fettreserven bezieht.

Solange die Energiebilanz negativ ausfällt, ist nachrangig, ob die verzehrten Kalorien aus Eiweiß, Kohlenhydraten oder Fett stammen.

Bleibt die Energiebilanz negativ, spricht also nichts dagegen, Eiweiß-Shakes mit Vollkornprodukten oder Obst zu kombinieren.

Nichtsdestotrotz hat Eiweiß zwei wichtige Vorteile:

Erstens ruft es keine Insulinreaktion hervor. Einfache Kohlenhydrate, z.B. in Süßigkeiten oder Weißmehlprodukten, dagegen provozieren einen steilen Anstieg des Blutzuckerspiegels, auf den der Organismus mit einer starken Insulinausschüttung reagiert. Diese wiederum kann zu Heißhunger führen, der ein kontraproduktives Auf und Ab des Blutzuckerspiegels auslöst.

Zweitens gehen beim Verstoffwechseln von Eiweiß bereits 20–25 Prozent der enthaltenen Energie verloren und fließen in die Energiebilanz gar nicht ein.

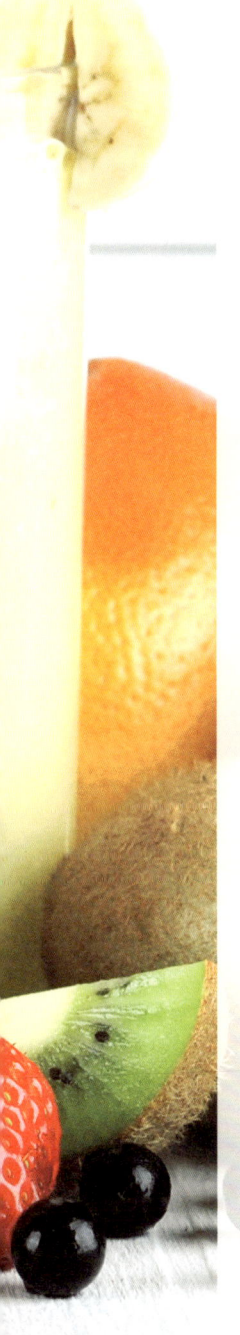

GRÜNE ENERGIEDICHTE
FÜHRT ZU ENERGIEDEFIZIT

Da Kalorienzählen eine äußwerst mühsame und freudlose Angelegenheit ist, ist es gut, im Alltag eine Alternative zu haben. Die Energiedichte von Lebensmitteln und ganzen Mahlzeiten ist das praktischste Hilfsmittel.

Die Energiedichte eines Lebensmittels besagt, wie viel Energie in einer einheitlichen Menge (ein Gramm) steckt. Dickmacher haben eine hohe, „rote" Energiedichte. Bei Schlankmachern, wie z.B. Gemüse, ist sie niedrig bzw. „grün". Dazwischen liegen Lebensmittel mit „gelber" Energiedichte.

In Zahlen, also Kilokalorien pro Gramm, ausgedrückt:

Grün: max. 1,5 kcal/g (Schlankmacher)
Gelb: 1,5–2,5 kcal/g
Rot: min. 2,5 kcal/g (Dickmacher)

Isst man sich nun mit „grünen" Lebensmitteln dreimal täglich satt und bedenkt, dass die Essensmenge durch das Volumen des Magens beschränkt ist, ist am Ende des Tages die verzehrte Energiemenge im Schnitt 500–700 kcal niedriger als die verbrauchte Energie.

Das Besondere am Prinzip der Energiedichte ist, dass man im Rahmen einer Mahlzeit sogar kleine Mengen Dickmacher zusammen mit großen Mengen Schlankmachern essen darf. Entscheidend ist nur, dass die Energiedichte der Mahlzeit weiterhin „grün" ist. Sogar Ausrutscher kann man mit besonders „grünen" Mahlzeiten im Tagesverlauf wieder ausgleichen.

Mehr zur Energiedichte unter www.energiedichte.info und in den Büchern „Schatz, meine Hose rutscht!" und „50 Tipps, damit die Hose rutscht!".

ENERGIEDICHTE
EINES EIWEISS-SHAKES

Die Energiedichte (ED) eines Vibono-Shakes beträgt „grüne" 0,7 kcal/g.

So geht die Rechnung am Beispiel des Vibono „Pur":

250 g fettarme Milch haben eine ED von 0,47 kcal/g.

23 g „Pur"-Pulver haben zwar 3,67 kcal/g, aber das isst man ja nicht trocken.

Zuerst rechnet man alle enthaltenen Kalorien zusammen. Dazu ist wichtig, pro Zutat das Gewicht mit der jeweiligen Energiedichte zu multiplizieren. Also:

Milch: 250 g x 0,47 kcal/g = 117,5 kcal

Vibono „Pur": 23 g x 3,67 kcal/g = 84,4 kcal

Zusammen sind das 201,9 kcal.

Jetzt addiert man das Gewicht aller Zutaten.
23 g + 250 g = 273 g.

Dann teilt man die Kalorien- durch die Gewichtssume.

Das ergibt dann die Energiedichte:
201,9 kcal / 273 g = 0,74 kcal/g.

Rührt man einen Teelöffel Flohsamenschalen in den Shake, bleibt dessen Energiedichte quasi unverändert bei 0,75 kcal/g.

Damit man die Energiedichte eines Shakes nicht ausrechnen muss, geben wir sie bei jedem Rezept an.

Energiedichte: 0,7 kcal/g ●

Zutaten für 1 Person

Zubereitung

Lebensmittel	kcal/g	g	kcal
Milch, 1,5% Fett	0,5	250	125
Eiweißpulver, Vibono Pur (trocken)	3,7	23	85
Apfel	0,5	40	20
Magerquark	0,7	125	88
Flohsamenschalen, trocken	1,9	2	4
Zimtsterne	4	2	8
ED / Summen	**0,7**	**442**	**330**

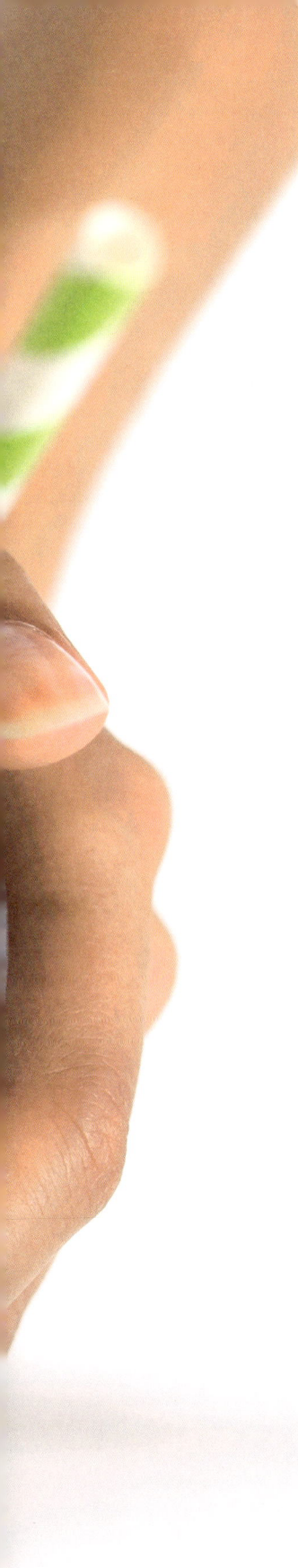

KÖNNEN EIWEISS-SHAKES MAHLZEITEN ERSETZEN?

Langfristig ist ohne Zweifel eine ausgewogene Ernährung die beste Art abzunehmen und das Gewicht zu halten. Da allerdings – gerade am Anfang – häufig schnelle Erfolge erwünscht sind, sind Eiweiß-Shakes aus psychologischen Gründen eine sehr gute Option, um ins Abnehmprojekt zu starten.

Allerdings sollten sie nicht zusätzlich getrunken werden, sondern an die Stelle einer der drei Hauptmahlzeiten treten.

Ob man das Frühstück, das Mittagessen oder das Abendessen ersetzt, darf jeder selbst entscheiden und hängt stark vom individuellen Tagesablauf ab. Mehr als eine Mahlzeit durch einen Shake zu ersetzen, ist allerdings nicht empfehlenswert.

Wer sein Abendessen kohlenhydratarm gestalten mag, darf gerne abends einen Shake genießen und profitiert von einer verlängerten Nachtphase, in der der Blutzuckerspiegel auf Normalniveau ist. Denn nur in diesem Zustand kann der Körper Fett aus den Fettzellen auslagern. Bei erhöhtem Blutzuckerspiegel dagegen sind diese Zellen auf Einlagerung programmiert.

Da letztlich nur die tägliche Energiebilanz relevant ist, muss man nicht generell auf Kohlenhydrate am Abend verzichten. Wichtiger ist, dass man satt ist. Dabei helfen auf einfache Weise Flohsamenschalen (mehr zu diesen Sattmachern auf S. 76).

LOW-CARB BESSER NUR PHASENWEISE

Wie viele Jahre haben Sie noch vor sich? Statistisch betrachtet noch 20, 40 oder 60? Hm, so lange auf Brot, Nudeln und Kartoffeln verzichten? Das hält doch niemand durch! Ist aber auch gar nicht nötig.

Natürlich kann man mit Low-Carb am besten abnehmen. Viel Eiweiß und wenig Kohlenhydrate lassen Körperfett unbestritten am besten abschmelzen. Aber deswegen muss man liebgewonnenen Lebensmitteln ja nicht für immer entsagen.

Es reicht, wenn man kohlenhydratarme Phasen einlegt. Diese können wenige Tage oder auch ein paar Wochen dauern. Einige ziehen Low-Carb während der Fastenzeit durch. Andere machen nur immer wieder zwei „Umstellungstage" ohne Kohlenhydrate, um den Stoffwechsel zu justieren. Sinnvoll ist beides. Je nachdem, ob die Familie mitzieht oder man Stress im Job hat, kann das jeder selbst entscheiden.

Wichtig ist, dass man den richtigen Blick auf die Carbs, also die Kohlenhydrate bewahrt. Einfache Kohlenhydrate wie in Zucker, Weißmehl & Co. sind und bleiben ungesunde Dickmacher. Komplexe Kohlenhydrate und Ballaststoffe, die z.B. in Vollkornprodukten stecken, stellen kein Problem dar.

Ganz einfach beurteilen kann man Kohlenhydrate, wenn man sie im Zusammenhang mit den anderen Zutaten betrachtet, die man isst: Ist die Energiedichte einer Mahlzeit „grün", kann man wunderbar mit ihr abnehmen. Nudeln mit Gemüsesoße sind somit genauso abnehmtauglich wie ein Filet mit Kartoffeln oder ein Porridge mit Obst. (Ganz einfach ausrechnen kann man das mit dem Vibono-Energiedichterechner: www.vibono.de/ED-Rechner.)

Leckere Gerichte zu kochen, fällt vielen mangels Zeit oder Kochkünsten jedoch schwer. Anstatt sich in solchen Fällen von Magerquark mit Selleriesticks zu ernähren, bereitet man sich lieber einen der folgenden köstlichen Eiweiß-Shakes zu!

SAHNE-VANILLE-REZEPTE

Das Sahne-Vanille-Eiweißpulver ist der unangefochtene Publikumsliebling.

Kein Wunder, denn durch sein angenehmes, leicht süßes Vanillearoma peppt es jeden Shake mühelos auf und verleiht jeder Kombination einen tollen Geschmack.

Der Alleskönner harmoniert mit den verschiedensten Zutaten und unterstreicht deren Aromen meisterlich. Er hebt Beeren auf die Bühne, verleiht außergewöhnlichen Aromen Rückgrat und veredelt köstliche Früchte.

Ganz wunderbar eignet sich das Pulver auch, um Desserts zu verfeinern. Die Lust auf ungesunde Süßigkeiten kommt so gar nicht erst auf.

Der
Liebling

Erdbeer Rhabarber Shake

ERDBEER-RHABARBER-SHAKE

ENERGIEDICHTE: 0,6 KCAL/G

ZUTATEN FÜR 1 SHAKE

250 ml fettarme Milch
2 gehäufte EL Vibono Protein Sahne-Vanille
1 TL Vibono-Flohsamenschalen
60 g Rhabarber
100 g Erdbeeren

ZUBEREITUNG

Die Milch, das Eiweißpulver und die Flohsamenschalen
in einen Rührbecher geben und mit dem Pürierstab
cremig rühren.

Den Rharbarber schälen und in Stückchen schneiden.
Die Erdbeeren waschen und halbieren. Alles in den
Rührbecher geben und mit dem Pürierstab cremig
rühren.

Den Shake in ein Glas gießen und zusammen mit ein
paar Erdbeeren genießen. Ein wunderbarer Start in
den Tag!

SPINAT-SPROSSEN-ZITRUS-SHAKE

ENERGIEDICHTE: 0,8 KCAL/G

ZUTATEN FÜR 1 SHAKE

250 ml fettarme Milch
2 gehäufte EL Vibono Protein Sahne-Vanille
1 Handvoll Spinatblätter
1 Handvoll Sprossen (hier Kohlrabi)
20 g Cashewkerne
1 Limette
1 Orange

ZUBEREITUNG

Die Milch und das Eiweißpulver in einen Rührbecher geben.

Den Spinat waschen und mit dem Großteil der Sprossen und den Cashewkernen in den Rührbecher geben und mit dem Pürierstab klein und cremig rühren. Die Limette und die Orange auspressen und den Saft unterrühren.

Den Shake in ein Glas gießen, mit den restlichen Sprossen dekorieren und zügig genießen.

Spinat
Sprossen
Zitrus
Shake

Knackige Johannisbeere

KNACKIGE JOHANNISBEERE

ENERGIEDICHTE: 0,8 KCAL/G

ZUTATEN FÜR 1 SHAKE

250 ml fettarme Milch
2 gehäufte EL Vibono Protein Sahne-Vanille
60 g Quark (20% Fett)
80 g Johannisbeeren
10 g Pinienkerne
ca. 6 Blättchen Rosmarin

ZUBEREITUNG

Die Milch und das Eiweißpulver in einen Rührbecher geben.

Die Johannisbeeren vom Zweig abziehen und in den Shake geben. Den Quark, die Pinienkerne und die Rosmarinblättchen ebenfalls hinzufügen, und alles mit dem Pürierstab cremig rühren.

Schmeckt herrlich nussig und durch den Rosmarin leicht mediterran.

Tipps und Tricks

CLEVERE IDEE:
SAISONFRÜCHTE EINFRIEREN

So lecker frisches Obst und Beeren sind, leider haben sie nicht das ganze Jahr Saison. Vor allem heimische Früchte wie Erdbeeren, Kirschen, Heidelbeeren oder Johannisbeeren, aber auch Rhabarber sind nur wenige Wochen lang frisch erhältlich.

Wer auf diese leckeren Zutaten nicht verzichten will, kann auf einen cleveren Trick zurückgreifen: Frisch gepflückt, können sie gut tiefgefroren werden.

Es spricht generell nichts dagegen, ab und zu auf tiefgekühltes Obst oder Gemüse zurückzugreifen. Ein schlechtes Gewissen braucht man dabei nicht zu haben, denn direkt nach der Ernte schockgefroren, enthält es meist mehr Vitamine als Ware aus dem Supermarkt, die dort schon länger auf Käufer wartet.

Friert man seine liebsten Saisonfrüchte zu Hause ein, legt man diese am besten zuerst lose auf ein Backblech oder einen Teller, den man in die Tiefkühltruhe legt. Wenn man die Beeren so vorgefroren in Beutel packt, lassen sie sich ohne „Fruchtklumpen" portionsweise wieder auftauen.

Fruchtig-frischem Shakegenuss steht dann nichts mehr im Weg!

MANGO-PAPAYA-BOMBE

ENERGIEDICHTE: 0,6 KCAL/G

ZUTATEN FÜR 1 SHAKE

250 ml Mandelmilch
2 gehäufte EL Vibono Protein Sahne-Vanille
50 g Mango
60 g Papaya
Saft einer Limette

ZUBEREITUNG

Die Mandelmilch und das Eiweißpulver in einen Rührbecher geben.

Die Mango schälen und in Stücke schneiden (s. Tipp
auf S. 114). Ebenso die Papaya. Die Fruchtstücke mit
dem Limettensaft in den Shake geben und alles mit
dem Pürierstab cremig rühren. In ein Glas füllen und
zügig genießen.

Durch die Mandelmilch schmeckt diese Fruchtbombe
noch etwas exotischer.

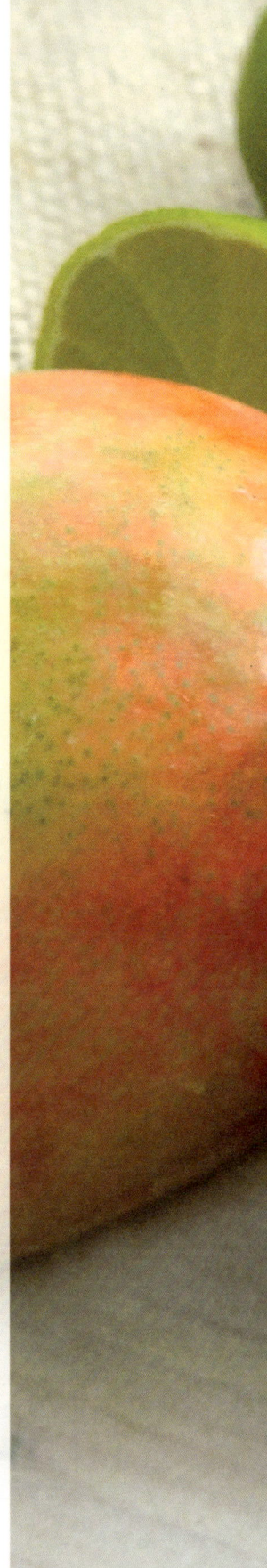

Mango
Papaya
Bombe

Mohn
küsst
Vanille

MOHN KÜSST VANILLE

ENERGIEDICHTE: 0,9 KCAL/G

ZUTATEN FÜR 1 SHAKE

250 ml fettarme Milch
2 gehäufte EL Vibono Protein Sahne-Vanille
1 gehäufter TL gemahlener Mohn

ZUBEREITUNG

Die Milch und das Eiweißpulver in den Vibono-Shakerbecher geben.

Den Spiralball in den Becher legen, diesen gut schließen und kräftig schütteln. (Alternativ den Shake im Rührbecher mit dem Pürierstab cremig rühren.) Den Mohn einfach unterheben und den Shake genießen.

Superschnell gemixt und extrem lecker. Eignet sich auch zur Zubereitung bei der Arbeit oder unterwegs.

EDLER GRANATAPFEL

ENERGIEDICHTE: 0,8 KCAL/G

ZUTATEN FÜR 1 SHAKE

250 ml fettarme Milch
2 gehäufte EL Vibono Protein Sahne-Vanille
60 g Naturjoghurt
60 g Granatapfelkerne
1/2 Banane

ZUBEREITUNG

Die Milch, den Naturjoghurt und das Eiweißpulver in einen Rührbecher geben.

Die Kerne aus dem Granatapfel lösen (das geht besonders einfach in einer mit Wasser gefüllten Schale). Die Banane schälen und mit den Granatapfelkernen in den Rührbecher geben und alles mit dem Pürierstab cremig rühren.

Ein köstlich gesunder Shakegenuss, bei dem auch das Auge auf seine Kosten kommt.

Edler Granatapfel

Rote
Bete
Apfel
Mix

ROTE-BETE-APFEL-MIX

ENERGIEDICHTE: 0,6 KCAL/G

ZUTATEN FÜR 1 SHAKE

250 ml fettarme Milch
2 gehäufte EL Vibono Protein Sahne-Vanille
40 g Naturjoghurt
1/2 Apfel
1/2 kleine Karotte
1 Knolle Rote Bete (fertig gekocht)

ZUBEREITUNG

Das Eiweißpulver, den Naturjoghurt und die Milch in einen Rührbecher geben.

Den Apfel und die Karotte schälen und in Stückchen schneiden. Die Rote Bete ebenfalls etwas zerkleinern. Alles in den Rührbecher geben und mit dem Pürierstab cremig rühren.

In ein Glas gießen und mit ein paar Rote-Bete-Würfeln und Apfelschnitzen garnieren.

Wer bislang gedacht hat, Eiweiß-Shakes seien langweilig, wird beim ersten Schluck seine Meinung ändern und Lust auf viele weitere Aromen-Kombinationen bekommen.

HEIDELBEER-CHIA-SHAKE

ENERGIEDICHTE: 0,7 KCAL/G

ZUTATEN FÜR 1 SHAKE

250 ml fettarme Milch
2 gehäufte EL Vibono Protein Sahne-Vanille
100 g Heidelbeeren
1–2 TL Chiasamen

ZUBEREITUNG

Die Milch und das Eiweißpulver in einen Rührbecher geben und mit dem Pürierstab cremig rühren.

Die Heidelbeeren waschen und mit den Chiasamen in eine Schale oder ein breites Glas geben. Den Shake darüber gießen und umrühren.

Die Chiasamen können roh oder eingeweicht verwendet werden. Die Heidelbeeren kann man natürlich auch in den Shake einpürieren.

Viele Vitamine und Ballaststoffe, die auf köstliche Art lange satt machen.

Heidelbeer Chia Shake

Cashew
Melonen
Traum

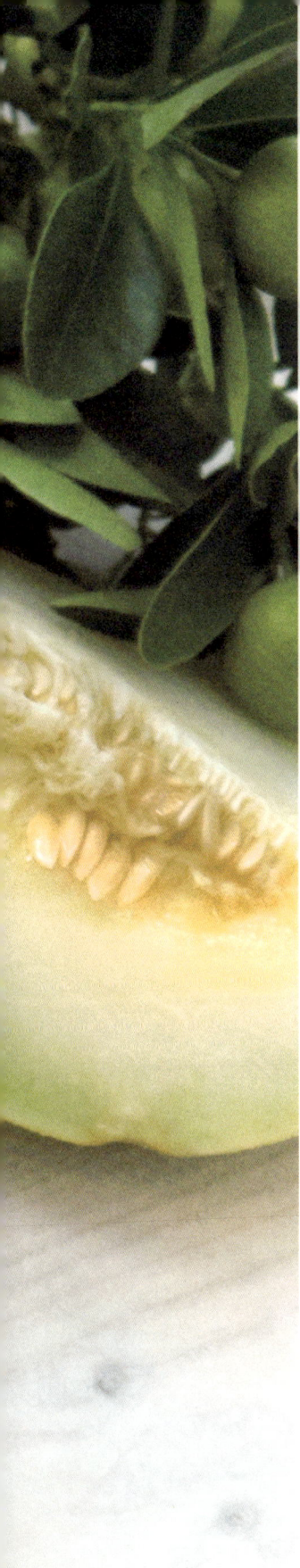

CASHEW-MELONEN-TRAUM

ENERGIEDICHTE: 0,8 KCAL/G

ZUTATEN FÜR 1 SHAKE

250 ml fettarme Milch
2 gehäufte EL Vibono Protein Sahne-Vanille
60 g Naturjoghurt
60 g Honigmelone
1/2 Banane
10 g Cashewkerne

ZUBEREITUNG

Die Milch, den Naturjoghurt und das Eiweißpulver in einen Rührbecher geben.

Das Melonenfruchtfleisch entkernen und in Stücke schneiden. Die halbe Banane schälen, mit der Melone in den Rührbecher geben und alles mit dem Pürierstab cremig rühren.

Die Cashewkerne grob hacken und unterrühren oder auch einfach nur daraufstreuen.

Der perfekte Shake fürs Sommerfeeling!

FRISCHER PAPAYA-MIX

ENERGIEDICHTE: 0,8 KCAL/G

ZUTATEN FÜR 1 SHAKE

250 ml fettarme Milch
2 gehäufte EL Vibono Protein Sahne-Vanille
50 g Papaya
60 g Honigmelone
2 EL Naturjoghurt
10 g gemahlener Mohn

ZUBEREITUNG

Die Milch, den Naturjoghurt und das Eiweißpulver in einen Rührbecher geben.

Die Papaya und die Melone vierteln, entkernen und ein paar Fruchtstücke herausschneiden. Die Fruchtstücke und den Mohn in den Rührbecher geben und alles mit dem Pürierstab cremig mixen.

Was für eine leckere, exotisch-frische Kombination!

Frischer
Papaya
Mix

Himbeer Schmaus

HIMBEER-SCHMAUS

ENERGIEDICHTE: 0,7 KCAL/G

ZUTATEN FÜR 1 SHAKE

250 ml fettarme Milch
2 gehäufte EL Vibono Protein Sahne-Vanille
1 TL Vibono-Flohsamenschalen
60 g Mango
1/2 Banane
60 g Himbeeren (frisch oder tiefgekühlt)

ZUBEREITUNG

Die Milch, das Eiweißpulver und die Flohsamenschalen in einen Rührbecher geben und mit dem Pürierstab cremig rühren.

Die Mango schälen und in Stücke schneiden (s. Tipp auf S. 114). Die halbe Banane schälen und mit den Mangostücken und den Himbeeren in den Shake geben. Alles mit dem Stabmixer pürieren.

Superfrisch und sättigend!

Tipp: Tiefgekühlte Himbeeren eventuell etwas antauen lassen.

PFIRSICH-NEKTARINEN-TRUNK

ENERGIEDICHTE: 0,8 KCAL/G

ZUTATEN FÜR 1 SHAKE

250 ml fettarme Milch
2 gehäufte EL Vibono Protein Sahne-Vanille
1/2 Nektarine
1/2 Pfirsich (besonders aromatisch: Plattpfirsich)
1/2 Banane
30 g Hüttenkäse
1 Prise gemahlener Mohn

ZUBEREITUNG

Die Milch und das Eiweißpulver in einen Rührbecher geben.

Die Nektarinen- und die Pfirsichhälfte waschen und ungeschält in Stücken in den Shake geben. Die Banane schälen, in Stücken dazugeben und alles mit dem Pürierstab cremig rühren.

Den Hüttenkäse und den Großteil des Mohns locker unterheben. Den Shake in ein Glas gießen und mit dem restlichen Mohn bestreuen.

Nach Wunsch mit Pfirsichschnitzen dekorieren, die gerne dazu gegessen werden dürfen.

Pfirsich Nektarinen Trunk

Shake „Tropical"

SHAKE „TROPICAL"

ENERGIEDICHTE: 1,0 KCAL/G

ZUTATEN FÜR 1 SHAKE

250 ml fettarme Milch
2 gehäufte EL Vibono Protein Sahne-Vanille
80 g Ananas (frisch, nicht aus der Dose)
10 g Kokosraspel
10 g gehackte Pistazien

ZUBEREITUNG

Die Milch und das Eiweißpulver in einen Rührbecher geben.

Das Ananasstück von der Schale befreien und in Stücke schneiden. Die Kokosraspel und die Pistazien (bis auf einen kleinen Rest) in den Rührbecher geben und mit dem Stabmixer fein pürieren.

Den Shake in ein Glas gießen und mit den restlichen Pistazien dekorieren. Zügig genießen!

EXOTIC KIBA

ENERGIEDICHTE: 0,7 KCAL/G

ZUTATEN FÜR 1 SHAKE

250 ml fettarme Milch
2 gehäufte EL Vibono Protein Sahne-Vanille
ca. 10 Kirschen
1/2 Banane
30 g Mango

ZUBEREITUNG

Die Milch und das Eiweißpulver in einen Rührbecher geben.

Die Kirschen waschen und entkernen. Die halbe Banane schälen. Die Mango schälen und in Stücke schneiden (s. Tipp auf S. 114). Das Obst in den Rührbecher geben und alles mit dem Pürierstab cremig rühren. Den Shake in ein Glas gießen und genießen!

Durch die Mango gewinnt die klassische Kirsch-Bananen-Kombination eine exotische Note. Köstlich!

Exotic KiBa

Bananen Mandel Shake

BANANEN-MANDEL-SHAKE

ENERGIEDICHTE: 0,9 KCAL/G

ZUTATEN FÜR 1 SHAKE

250 ml fettarme Milch
2 gehäufte EL Vibono Protein Sahne-Vanille
100 g Naturjoghurt
1 Banane
20 g Mandelsplitter

ZUBEREITUNG

Die Milch und das Eiweißpulver in einen Rührbecher geben.

Die geschälte Banane dazugeben und mit dem Pürierstab cremig mixen. Den Joghurt mit einem Löffel unterheben. Die Mandelsplitter gehackt oder komplett in den Shake geben.

Bei der „groben" Variante bleibt der Kauspaß erhalten. Wer das mag, kann die Banane zerquetscht unterheben, statt sie zu pürieren.

LIMETTE KNUTSCHT WASSERMELONE

ENERGIEDICHTE: 0,6 KCAL/G

ZUTATEN FÜR 1 SHAKE

250 ml Sojamilch
2 gehäufte EL Vibono Protein Sahne-Vanille
1 TL Vibono-Flohsamenschalen
100 g Wassermelone (ohne Schale)
1 Limette

ZUBEREITUNG

Die Sojamilch, das Eiweißpulver und die Flohsamenschalen in einen Rührbecher geben und mit dem
Pürierstab cremig rühren.

Das Fruchtfleisch der Wassermelone in Stücke
schneiden. Die Limette auspressen und den Saft
mit den Melonenstücken in den Shake mixen.
Frisch genießen!

Das Rezept kann gut im Vibono-Shakerbecher gemixt
werden, da auch die Melone schnell in kleine Stücke
zerfällt.

Limette
knutscht
Wassermelone

Spritzige Grapefruit

SPRITZIGE GRAPEFRUIT

ENERGIEDICHTE: 0,7 KCAL/G

ZUTATEN FÜR 1 SHAKE

250 ml fettarme Milch
2 gehäufte EL Vibono Protein Sahne-Vanille
1 TL Vibono-Flohsamenschalen
80 g Grapefruit
60 g Mango
20 ml Zitronensaft

ZUBEREITUNG

Die Milch, das Eiweißpulver und die Flohsamenschalen in einen Rührbecher geben und mit dem Pürierstab cremig rühren.

Die Grapefruit schälen und ein paar Fruchtfleischstücke herauslösen. Die Mango schälen und in Stücke schneiden (s. Tipp auf S. 114). Die Früchte und den Zitronensaft in den Rührbecher geben und alles mit dem Pürierstab cremig rühren. Nach der Zubereitung gleich genießen!

Eine spritzige Erfrischung, die sehr gut sättigt.

ERDBEER-MACADAMIA-SHAKE

ENERGIEDICHTE: 1,0 KCAL/G

ZUTATEN FÜR 1 SHAKE

250 ml fettarme Milch
2 gehäufte EL Vibono Protein Sahne-Vanille
100 g Erdbeeren
1 TL gehackter Dill (frisch oder tiefgekühlt)
20 g Macadamia-Nüsse

ZUBEREITUNG

Die Milch und das Eiweißpulver in einen Rührbecher geben.

Die Erdbeeren waschen und vierteln. Mit dem Großteil des Dills in den Rührbecher geben und mit dem Pürierstab cremig rühren.

Die Macadamia-Nüsse mit einem Messer fein hacken und unterheben. Den Shake mit dem restlichen Dill dekorieren und genießen.

Keine Angst vor dem Dill, der bringt den besonderen Pfiff in den Shake!

Erdbeer Macadamia Shake

Spritziger
Spinat
Shake

SPRITZIGER SPINAT-SHAKE

ENERGIEDICHTE: 0,8 KCAL/G

ZUTATEN FÜR 1 SHAKE

250 ml fettarme Milch
2 gehäufte EL Vibono Protein Sahne-Vanille
1 Banane
1 Handvoll Spinatblätter
1/2 Zitrone

ZUBEREITUNG

Die Milch und das Eiweißpulver in einen Rührbecher geben.

Die Banane schälen und in Stücke brechen. Den Spinat waschen und die Zitrone auspressen. Alles in den Rührbecher geben und mit dem Pürierstab schön cremig rühren.

In ein Glas gießen und gleich genießen! Schmeckt herrlich frisch und belebend.

PASSIONSFRUCHT BEGLEITET KAKI

ENERGIEDICHTE: 0,7 KCAL/G

ZUTATEN FÜR 1 SHAKE

250 ml fettarme Milch
2 gehäufte EL Vibono Protein Sahne-Vanille
1 TL Vibono-Flohsamenschalen
1 Passionsfrucht
1/2 Kaki
1/2 Banane
1 Orange

ZUBEREITUNG

Die Milch, das Eiweißpulver und die Flohsamenschalen in einen Rührbecher geben und mit dem Pürierstab cremig rühren.

Die Passionsfrucht halbieren. Das Fruchtfleisch samt Kernen mit einem Löffel aus der Schale lösen. Die halbe Kaki gegebenenfalls schälen und in Stücke schneiden. Die halbe Banane schälen. Das Obst (bis auf die Orange) in den Rührbecher geben und alles mit dem Stabmixer cremig pürieren.

Die Orange auspressen, den Saft in den Shake geben und noch mal kurz mixen. In ein Glas gießen und frisch genießen.

Tipp: Der Shake kann auch gut mit Eiswürfeln gekühlt getrunken werden.

Passionsfrucht begleitet Kaki

FLOHSAMENSCHALEN IN SHAKES MACHEN LÄNGER SATT

Der größte Fehler, den viele beim Abnehmen machen, ist, sich nicht satt zu essen. Der Hunger rächt sich dann meist bitterlich, denn die Natur hat es so eingerichtet, dass das Beendigen des Hungergefühls höchste Priorität hat. Auch mit größter Willensanstrengung ist gegen dieses lebenserhaltende Streben meist nicht anzukommen.

Eiweiß hat den Vorteil, dass es per se schon gut sättigt. Da flüssige Mahlzeiten jedoch den Magen mitunter nicht ausreichend oder lange genug füllen, ist es sinnvoll, sie einzudicken.

Als äußerst hilfreich haben sich hierbei Flohsamenschalen erwiesen. Diese nahezu transparenten, ballaststoffreichen Hüllen um das schwarze Flohsamenkorn, deren Kleie sozusagen, sind Weltmeister im Aufquellen. Sie sind in der Lage, bis zum 50-fachen ihres trockenen Volumens anzuwachsen. Im Magen und Darm sorgen sie so für den gewünschten Effekt, den wir als Sattsein wahrnehmen.

Ob man Flohsamenschalen lieber in einen Shake mixt oder vorab in ausreichend Wasser eingerührt zu sich nimmt, ist Geschmackssache. Die Energiedichte eines Shakes erhöhen die Ballaststoffe nur in der zweiten Nachkommastelle. Wer mag, kann Flohsamenschalen also bei allen Rezepten dieses Buches dazugeben.

Kaufen kann man sie online im Vibono-Shop unter www.vibono.de/flohsamenschalen.

Tipps und Tricks

Kiwi
Shake

KIWI-SHAKE

ENERGIEDICHTE: 0,7 KCAL/G

ZUTATEN FÜR 1 SHAKE

250 ml fettarme Milch
2 gehäufte EL Vibono Protein Sahne-Vanille
1 TL Vibono-Flohsamenschalen
3 EL Naturjoghurt
1 Kiwi

ZUBEREITUNG

Die Milch, das Eiweißpulver, den Joghurt und die Floh-samenschalen in einen Rührbecher geben und mit dem Pürierstab cremig rühren.

Die Kiwi schälen, achteln und in den Rührbecher geben. Alles mit dem Pürierstab nochmal durch-rühren und in ein Glas gießen.

Den Shake am besten gleich genießen, da die Kiwi bei längerem Stehen bitter wird.

SPRITZIGER INGWER

ENERGIEDICHTE: 0,6 KCAL/G

ZUTATEN FÜR 1 SHAKE

250 ml fettarme Milch
2 gehäufte EL Vibono Protein Sahne-Vanille
1 Stück Ingwer (2 cm)
2–3 Stängel Minze
2 Limetten
1 Orange

ZUBEREITUNG

Die Milch und das Eiweißpulver in einen Rührbecher geben.

Den Ingwer schälen und fein reiben. Die Minzblätter klein hacken. Beides in den Rührbecher geben. Die Limetten und die Orange auspressen und den Saft dazugeben. Alles mit dem Stabmixer pürieren.

Den Shake in ein Glas gießen und den erfrischenden Trunk zügig die eigenen Geschmacksknospen umspülen lassen!

Spritziger
Ingwer

Cremige
Aprikose

CREMIGE APRIKOSE

ENERGIEDICHTE: 0,8 KCAL/G

ZUTATEN FÜR 1 SHAKE

250 ml fettarme Milch
2 gehäufte EL Vibono Protein Sahne-Vanille
80 g Naturjoghurt
3 Aprikosen
15 g Mandelsplitter

ZUBEREITUNG

Die Milch, den Naturjoghurt und das Eiweißpulver in einen Rührbecher geben.

Die Aprikosen waschen, entkernen, vierteln und ebenfalls in den Rührbecher geben. Alles mit dem Pürierstab leicht schaumig rühren.

Den Shake in ein schönes Glas gießen und mit den Mandelsplittern garnieren.

Beim Genuss dieses köstlichen Shakes, zu dem man natürlich in die eine oder andere Aprikosenhälfte beißen darf, kann man darüber philosophieren, wie dieser Gaumengenuss wohl in Österreich heißen würde: „Magische Marille mit Mandelsplitter" vielleicht?

BIRNE TRIFFT BEERE

ENERGIEDICHTE: 0,8 KCAL/G

ZUTATEN FÜR 1 SHAKE

250 ml fettarme Milch
2 gehäufte EL Vibono Protein Sahne-Vanille
2 EL Naturjoghurt
60 g Birne
40 g Himbeeren
1 TL Preiselbeeren (aus dem Glas)
10 g gehackte Pistazien

ZUBEREITUNG

Die Milch, den Naturjoghurt und das Eiweißpulver in einen Rührbecher geben.

Die Birne schälen, entkernen, in Stücke schneiden und mit den Himbeeren, den Preiselbeeren und dem Großteil der Pistazien in den Rührbecher geben. Alles mit dem Pürierstab cremig rühren.

Mit den restlichen Pistazien garnieren, und fertig ist dieses köstliche Aromenrendezvous.

Birne trifft Beere

Der
Neutrale

„PUR"-REZEPTE

Keine künstlichen Aromen, keine Süßungsmittel – das macht das „Vibono Pur" zur idealen Grundlage für Shakes, bei denen die Zutaten im Vordergrund stehen sollen. In dieser Kombination können sie ihr Aroma voll entfalten.

Ganz wunderbar eignet sich „Vibono Pur" auch für herzhafte Shake-Kombinationen. Sehr zur Freude von Liebhabern deftiger Mahlzeiten, da es so wesentlich leichter fällt, eine normale Mahlzeit durch einen Eiweiß-Shake zu ersetzen.

Besonders beliebt ist das „Vibono Pur" übrigens auch als Mehlersatz in Low-Carb-Pfannkuchen. Viele leckere Rezepte dazu gibt's auf: www.vibono.de/pfannkuchen

APFEL-QUARK-SHAKE

ENERGIEDICHTE: 0,8 KCAL/G

ZUTATEN FÜR 1 SHAKE

250 ml fettarme Milch
2 gehäufte EL Vibono Protein Pur
1 TL Vibono-Flohsamenschalen
1/2 Apfel
125 g Quark (20% Fett)
etwas gemahlener Zimt

ZUBEREITUNG

Die Milch, das Eiweißpulver und die Flohsamenschalen in einen Rührbecher geben und mit dem Pürierstab cremig rühren.

Den Apfel waschen und ohne die Schale fein reiben. Den geriebenen Apfel mit dem Quark und dem Zimt in den Rührbecher geben und unterrühren.

Tipp 1: Dieser Shake lässt sich auch gut mit dem Vibono-Shakerbecher zubereiten.

Tipp 2: Wer die Energiedichte um 0,1 kcal/g senken möchte, kann statt des 20%-igen Quarks Magerquark verwenden. Allerdings reduziert man dadurch auch den Genuss. Also diesen Tipp besser nicht befolgen!

Apfel Quark Shake

Roter
Liebhaber

ROTER LIEBHABER

ENERGIEDICHTE: 0,6 KCAL/G

ZUTATEN FÜR 1 SHAKE

250 ml fettarme Milch
2 gehäufte EL Vibono Protein Pur
1/2 Karotte
1/2 Apfel
1 Knolle Rote Bete (fertig gekocht)
1 kleine Orange
1 Prise geriebene Muskatnuss
1 Schuss Balsamico oder anderer Essig
etwas süße Crema di Balsamico

ZUBEREITUNG

Die Milch und das Eiweißpulver in einen Rührbecher geben.

Die Karotte und den Apfel schälen und in kleine Stücke schneiden. Mit dem Großteil der in Würfel geschnittenen Roten Bete in den Rührbecher geben.

Die Orange auspressen. Den Saft mit dem Muskat und dem Balsamico dazugeben und alles mit dem Pürierstab cremig rühren.

In ein Glas gießen und mit den restlichen Rote-Bete-Stücken und der Crema di Balsamico dekorieren.

GRÜNER MUNTERMACHER

ENERGIEDICHTE: 0,6 KCAL/G

ZUTATEN FÜR 1 SHAKE

250 ml fettarme Milch
2 gehäufte EL Vibono Protein Pur
1/2 Banane
40 g Gurke (bio)
1/2 Stange Staudensellerie
1/4 grüne Paprikaschote
1 Spritzer Zitronensaft

ZUBEREITUNG

Die Milch und das Eiweißpulver in einen Rührbecher geben.

Die halbe Banane schälen und dazugeben. Die Gurke, den Sellerie und die Paprika waschen, in kleine Stücke schneiden und in den Rührbecher geben. (Wenn die Gurke keine Bioqualität ist, bitte vorher schälen.)

Den Zitronensaft dazugeben und alles mit dem Stabmixer cremig pürieren. In ein Glas füllen und sofort genießen!

Ein sehr erfrischender grüner Protein-Smoothie, der wunderbar satt macht.

Grüner
Muntermacher

Sonniges
Soja
Frühstück

SONNIGES SOJA-FRÜHSTÜCK

ENERGIEDICHTE: 1,0 KCAL/G

ZUTATEN FÜR 1 SHAKE

250 ml Sojamilch
2 gehäufte EL Vibono Protein Pur
10 g Mandelsplitter
1/2 Banane
1/2 Apfel
40 g Quark (20% Fett)
1 Spritzer Zitronensaft
30 g Haferflocken

ZUBEREITUNG

Die Sojamilch und das Eiweißpulver in einen Rühr-becher geben.

Die Mandelsplitter grob hacken. Die halbe Banane schälen. Den Apfel schälen und in Stücke schneiden.

Das Obst mit dem Quark und dem Zitronensaft in den Rührbecher geben und mit dem Pürierstab cremig rühren.

Die Haferflocken und die Mandelsplitter unterheben. Nach Lust und Laune löffeln oder trinken.

TRAUBEN-MELONEN-SHAKE

ENERGIEDICHTE: 0,7 KCAL/G

ZUTATEN FÜR 1 SHAKE

250 ml fettarme Milch
2 gehäufte EL Vibono Protein Pur
60 g Wassermelone
einige Minzblätter
50 g kernlose grüne Trauben

ZUBEREITUNG

Die Milch und das Eiweißpulver in einen Rührbecher geben.

Das Melonenfruchtfleisch von der Schale lösen und in Stücke schneiden. Die Minze (bis auf ein paar Blätter) hacken. Die Trauben waschen und halbieren.

Alles in den Rührbecher geben und mit dem Stabmixer cremig rühren. In ein Glas gießen und mit den beiseite gelegten Minzblättern garnieren.

Trauben
Melonen
Shake

Sellerie
Frucht
Mix

SELLERIE-FRUCHT-MIX

ENERGIEDICHTE: 0,9 KCAL/G

ZUTATEN FÜR 1 SHAKE

250 ml fettarme Milch
2 gehäufte EL Vibono Protein Pur
60 g Quark (20% Fett)
1/2 Stange Staudensellerie
1/2 Apfel
1 Orange
40 g Haferflocken

ZUBEREITUNG

Die Milch, den Quark und das Eiweißpulver in einen Rührbecher geben.

Den Sellerie waschen und klein schneiden. Den Apfel schälen und in Stücke schneiden. Die Orange schälen und die Filets heraustrennen. Die Früchte und die Haferflocken in den Rührbecher geben und alles mit dem Pürierstab cremig rühren.

Den Shake in einem Glas anrichten. Alternativ die Haferflocken nicht einrühren, sondern in eine Schale geben und den Shake darübergießen.

Durch die Haferflocken sättigt der Shake deutlich länger. Natürlich kann man sie auch weglassen oder z.B. durch Flohsamenschalen ersetzen.

FRUCHTIGE AVOCADO

ENERGIEDICHTE: 1,0 KCAL/G

ZUTATEN FÜR 1 SHAKE

250 ml fettarme Milch
2 gehäufte EL Vibono Protein Pur
1 Kiwi
1/2 Banane
1/3 Avocado
1 Orange
30 g Haferflocken

ZUBEREITUNG

Die Milch und das Eiweißpulver in einen Rührbecher geben.

Die Kiwi, die Banane und die Avocado schälen und in Stücken dazugeben. Alles mit dem Pürierstab cremig rühren.

Die Orange auspressen und ihren Saft in den Shake mixen. Die Haferflocken locker unterheben und den Shake zügig genießen, weil die Kiwi mit der Zeit bitter wird.

Fruchtige Avocado

Exotik
Bombe

EXOTIK-BOMBE

ENERGIEDICHTE: 0,8 KCAL/G

ZUTATEN FÜR 1 SHAKE

250 ml fettarme Milch
2 gehäufte EL Vibono Protein Pur
60 g Papaya
60 g Ananas
Saft von 1/2 Limette
10 g Kokosraspel

ZUBEREITUNG

Die Milch und das Eiweißpulver in einen Rührbecher geben.

Die Papaya und die Ananas schälen und in Stückchen in den Rührbecher geben. Alles mit dem Pürierstab cremig rühren. Den Limettensaft und einen Großteil der Kokosraspel dazugeben und unterrühren.

In ein Glas füllen und mit den restlichen Kokosraspeln dekorieren. Schmeckt herrlich exotisch!

STACHELBEER-AVOCADO-SHAKE

ENERGIEDICHTE: 0,9 KCAL/G

ZUTATEN FÜR 1 SHAKE

250 ml fettarme Milch
2 gehäufte EL Vibono Protein Pur
80 g Stachelbeeren
50 g Avocado
1/2 TL Honig

ZUBEREITUNG

Die Milch und das Eiweißpulver in einen Rührbecher geben.

Die Stachelbeeren waschen und im Ganzen in den Rührbecher geben. Die Avocado in Stücken (ohne Schale) und den Honig dazugeben. Alles mit dem Pürierstab cremig rühren.

Nach Belieben Stachelbeeren dazu essen und sich an den zusätzlichen Vitaminen erfreuen!

Stachelbeer
Avocado
Shake

Tomaten
Basilikum
Drink

TOMATEN-BASILIKUM-DRINK

ENERGIEDICHTE: 0,6 KCAL/G

ZUTATEN FÜR 1 SHAKE

250 ml fettarme Milch
2 gehäufte EL Vibono Protein Pur
6 Cocktailtomaten (oder 60 ml Tomatensaft)
1/2 rote Paprikaschote
2 Stängel Petersilie
4 Stängel Basilikum
Salz & Pfeffer

ZUBEREITUNG

Die Milch und das Eiweißpulver in einen Rührbecher geben.

Die Tomaten und die Paprika waschen, in Stücke schneiden und dazugeben.

Die Kräuterblätter von den Stängeln zupfen, waschen und mit einer Prise Salz und etwas Pfeffer hinzugeben. Alles mit dem Pürierstab cremig rühren.

Eine herzhafte Alternative zu süßen Shakes. Nimmt man Tomatensaft statt der Cocktailtomaten, wird der Shake eine Spur süßer.

SÜSSE KIWI MIT MINZE

ENERGIEDICHTE: 0,8 KCAL/G

ZUTATEN FÜR 1 SHAKE

250 ml fettarme Milch
2 gehäufte EL Vibono Protein Pur
40 g Naturjoghurt
1 Kiwi
1/2 Banane
einige Blätter Minze
einige Blätter Petersilie
1/2 TL Honig

ZUBEREITUNG

Die Milch, den Naturjoghurt und das Eiweißpulver in einen Rührbecher geben.

Die Kiwi und die halbe Banane schälen, in Stücke schneiden und mit der Minze, der Petersilie und dem Honig dazugeben. Alles mit dem Pürierstab cremig rühren.

Den Shake in ein Glas gießen und bitte umgehend genießen, da die Kiwi schnell bitter wird.

Süße
Kiwi
mit
Minze

Karotten Orangen Shake

KAROTTEN-ORANGEN-SHAKE

ENERGIEDICHTE: 0,6 KCAL/G

ZUTATEN FÜR 1 SHAKE

250 ml fettarme Milch
2 gehäufte EL Vibono Protein Pur
2 EL Naturjoghurt
1 Orange
1 kleine Karotte

ZUBEREITUNG

Die Milch, den Naturjoghurt und das Eiweißpulver in einen Rührbecher geben.

Die Orange schälen und in Stücke schneiden. Die Karotte schälen und klein raspeln. Alles (bis auf einen kleinen Teil der Karottenraspel) in den Rührbecher geben und mit dem Pürierstab cremig mixen.

In ein Glas gießen, mit ein paar Karottenraspel garnieren und zügig genießen.

EXOTISCHER FRUCHTMIX

ENERGIEDICHTE: 0,9 KCAL/G

ZUTATEN FÜR 1 SHAKE

250 ml fettarme Milch
2 gehäufte EL Vibono Protein Pur
1 TL Vibono-Flohsamenschalen
60 g Mango
60 g Ananas
1/2 Banane
10 g gehackte Pistazien

ZUBEREITUNG

Die Milch, das Eiweißpulver und die Flohsamenschalen in einen Rührbecher geben und mit dem Pürierstab cremig rühren.

Die Mango und die Ananas schälen und in Stücke schneiden (s. Tipp auf S. 114). Die halbe Banane schälen und mit den anderen Früchten und dem Großteil der Pistazien in den Rührbecher geben. Alles mit dem Pürierstab cremig rühren und in ein Glas gießen.

Den Shake mit den restlichen Pistazien bestreuen und fruchtig-frisch genießen.

Exotischer
Fruchtmix

WIE SCHNEIDE ICH EINE MANGO AM EINFACHSTEN?

Beim Schneiden einer Mango will man möglichst viel saftiges Fruchtfleisch herausschneiden. Das endet leider mitunter in einem unschönen Gemetzel um den Mangostein herum.

Es gibt jedoch zwei einfache Möglichkeiten, dies zu vermeiden.

Die erste Methode ist das „Netz". Dabei drittelt man die Mango, das heißt, man schneidet die Frucht von zwei Seiten nahe am Stein entlang durch. Die beiden großen Fleischstücke schneidet man dann netzförmig ein, ohne die Schale zu durchschneiden. Dann stülpt man das „Netz" wie im Bild um. Nun kann das Fruchtfleisch einfach herausgelöst werden. Das sieht appetitlich aus und ist gerade bei sehr reifen und weichen Früchten die beste Lösung.

Bei der zweiten Möglichkeit schält man die Mango zunächst mit dem Spargelschäler, um anschließend wie in der ersten Version drei Stücke vom Stein abzuschneiden. Diese können dann einfach in Scheiben oder Stücke geschnitten werden.

Tipps und Tricks

Frischer
Melonen
Kick

FRISCHER MELONEN-KICK

ENERGIEDICHTE: 0,6 KCAL/G

ZUTATEN FÜR 1 SHAKE

250 ml fettarme Milch
2 gehäufte EL Vibono Protein Pur
40 g Gurke
80 g Wassermelone

ZUBEREITUNG

Die Milch und das Eiweißpulver in einen Rührbecher geben.

Die Gurke schälen und in Stücke schneiden. Das Fruchtfleisch aus der Wassermelone herauslösen und in den Rührbecher geben. Mit dem Pürierstab cremig mixen.

Schnell und erfrischend! Länger satt macht der Shake, wenn man Flohsamenschalen einrührt.

SCHARFER INGWER

ENERGIEDICHTE: 0,7 KCAL/G

ZUTATEN FÜR 1 SHAKE

250 ml fettarme Milch
2 gehäufte EL Vibono Protein Pur
1 Stück Ingwer (2 cm)
Saft von 2 Limetten
einige Blätter Minze

ZUBEREITUNG

Die Milch und das Eiweißpulver in einen Rührbecher geben.

Den Ingwer schälen und fein in den Rührbecher raspeln (alternativ kann ein doppelt so großes Stück Ingwer gepresst werden, damit keine Stückchen im Shake enthalten sind).

Die Limetten auspressen und mit der fein gehackten Minze in den Shake geben. Alles mit dem Pürierstab cremig rühren.

Ein super Rezept für den Vibono-Shakerbecher, wenn alle Zutaten sehr fein vorbereitet werden.

Scharfer
Ingwer

Gurken Kresse Mix

GURKEN-KRESSE-MIX

ENERGIEDICHTE: 0,7 KCAL/G

ZUTATEN FÜR 1 SHAKE

250 ml fettarme Milch
2 gehäufte EL Vibono Protein Pur
etwas frische Kresse
40 g Gurke
etwas Dill (frisch oder tiefgekühlt)
40 g Hüttenkäse

ZUBEREITUNG

Die Milch und das Eiweißpulver in einen Rührbecher geben.

Die Kresse abschneiden. Die Gurke waschen, schälen und in Stücke schneiden. Beides mit dem Großteil des Dills in den Rührbecher geben und cremig pürieren. Den Hüttenkäse locker unterheben. Je nach Geschmack mit etwas Salz und Pfeffer würzen.

Den Shake in ein Glas gießen und mit der restlichen Kresse dekorieren.

DOPPEL-NUSS

ENERGIEDICHTE: 1,2 KCAL/G

ZUTATEN FÜR 1 SHAKE

250 ml fettarme Milch
2 gehäufte EL Vibono Protein Pur
150 g Haselnussjoghurt
20 g Walnüsse

ZUBEREITUNG

Die Milch, den Joghurt und das Eiweißpulver in einen Rührbecher geben.

Die Walnüsse fein hacken und einen Großteil davon dazugeben. Alles mit dem Stabmixer cremig pürieren und in ein Glas füllen.

Mit den restlichen Walnüssen garnieren. Ein doppelt knackiger Hochgenuss!

Doppel Nuss

Ananas
Melonen
Shake

ANANAS-MELONEN-SHAKE

ENERGIEDICHTE: 0,7 KCAL/G

ZUTATEN FÜR 1 SHAKE

250 ml fettarme Milch
2 gehäufte EL Vibono Protein Pur
60 g Honigmelone
60 g Ananas
1/2 Banane
1 Stück Ingwer (1 cm)

ZUBEREITUNG

Die Milch und das Eiweißpulver in einen Rührbecher geben.

Den Ingwer schälen, klein raspeln und dazugeben. Das Melonenfruchtfleisch von der Schale lösen, entkernen und in Stücke schneiden. Die Ananas schälen und klein schneiden. Die halbe Banane schälen. Das Obst in den Rührbecher geben und alles mit dem Pürierstab cremig rühren.

Im Sommer besonders lecker und erfrischend mit zwei Eiswürfeln!

WÜRZIGE BIRNE

ENERGIEDICHTE: 0,7 KCAL/G

ZUTATEN FÜR 1 SHAKE

250 ml fettarme Milch
2 gehäufte EL Vibono Protein Pur
1 TL Vibono-Flohsamenschalen
125 g Naturjoghurt
1/2 Birne
etwas gemahlenen Kardamom

ZUBEREITUNG

Die Milch, das Eiweißpulver, den Naturjoghurt und die Flohsamenschalen in einen Rührbecher geben.

Die Birne schälen, entkernen, fein reiben und mit dem Kardamom dazugeben. Alles mit dem Pürierstab cremig rühren.

Dieser Shake kann auch gut im Vibono-Shakerbecher zubereitet werden.

Würzige Birne

Der Kräftige

SCHOKO-NOUGAT-REZEPTE

Einen einfach herrlich schokoladigen Geschmack zeichnet das Vibono Schoko-Nougat-Eiweißpulver aus. Ganz ohne weitere Zutaten, nur mit Milch gemixt, schmeckt es schon wie ein kleines Dessert und bändigt den Drang nach Süßkram.

Mit den tollen Kombinationen in diesem Kapitel ergibt sich trotz des ausgeprägten Schokogeschmacks absolut vielseitige Abwechslung im Glas.

Chili

Schoko

Shake

CHILI-SCHOKO-SHAKE

ENERGIEDICHTE: 0,8 KCAL/G

ZUTATEN FÜR 1 SHAKE

250 ml fettarme Milch
2 gehäufte EL Vibono Protein Schoko-Nougat
etwas Chilipulver *
1 kleine frische oder getrocknete Chili *

ZUBEREITUNG

Die Milch und das Eiweißpulver in einen Rührbecher geben.

Das Chilipulver hinzufügen (alternativ kann auch Cayennepfeffer verwendet werden, damit aber noch etwas sparsamer sein).

Die Chili geraspelt oder in sehr dünnen Ringen dazugeben und alles mit dem Stabmixer sehr gut pürieren.

Wer bereit für eine kleine Sünde ist, gönnt sich ein Stück Chilischokolade dazu.

*) Da es viele Chilisorten mit sehr unterschiedlicher Schärfe gibt, ist eine Mengenangabe schwierig. Bei frischem Chili am besten kurz probieren und lieber erst mit weniger anfangen und eventuell nachwürzen.

BLAUBEER-TRAUBEN-SHAKE

ENERGIEDICHTE: 0,7 KCAL/G

ZUTATEN FÜR 1 SHAKE

250 ml fettarme Milch
2 gehäufte EL Vibono Protein Schoko-Nougat
2 EL Naturjoghurt
30 g Blaubeeren
30 g kernlose grüne Weintrauben
1/2 Banane
1 Msp. Vanillemark

ZUBEREITUNG

Die Milch, den Naturjoghurt und das Eiweißpulver in einen Rührbecher geben.

Die Blaubeeren und die Trauben waschen. Die halbe Banane schälen. Die Früchte (bis auf einige Beeren und Trauben) und das Vanillemark in den Rührbecher geben und alles mit dem Pürierstab cremig rühren.

Den Shake in ein Glas gießen und mit den restlichen Blaubeeren und Trauben genießen.

Blaubeer Trauben Shake

Chai
Guarana
Mix

CHAI-GUARANA-MIX

ENERGIEDICHTE: 0,9 KCAL/G

ZUTATEN FÜR 1 SHAKE

250 ml fettarme Milch
2 gehäufte EL Vibono Schoko-Nougat
100 g Quark (20% Fett)
1/2 TL Guaranapulver
1 Spritzer Chaisirup

ZUBEREITUNG

Die Milch, den Quark und das Eiweißpulver in einen Rührbecher geben.

Den Großteil des Guaranapulvers und den Sirup dazugeben und alles mit dem Pürierstab cremig rühren. Den Shake in ein Glas gießen und mit dem restlichen Guaranapulver bestreuen.

Dieser Shake lässt sich auch schnell und einfach mit dem Vibono-Shakerbecher zubereiten!

Guarana ist ein natürlicher Wachmacher und wirkt, anders als Kaffee, den ganzen Tag lang. Also am besten morgens trinken!

SCHOKO-BANANEN-MÜSLI

ENERGIEDICHTE: 1,0 KCAL/G

ZUTATEN FÜR 1 SHAKE

250 ml fettarme Milch
2 gehäufte EL Vibono Protein Schoko-Nougat
1 Banane
30 g Haferflocken

ZUBEREITUNG

Die Milch und das Eiweißpulver in einen Rührbecher geben.

Die Banane schälen und mit den Haferflocken in den Rührbecher geben. Mit dem Stabmixer cremig pürieren. Je länger der Shake „zieht", desto intensiver schmeckt er.

Wer's gerne kerniger mag, mixt nur die Milch und das Eiweißpulver und hebt die Banane zerquetscht und die Haferflocken komplett mit einem Löffel unter. Natürlich kann man die Banane und die Haferflocken auch in eine Müslischüssel geben und den fertigen Shake darübergießen.

Schoko Bananen Müsli

Schoko
Eiskaffee

SCHOKO-EISKAFFEE

ENERGIEDICHTE: 0,7 KCAL/G

ZUTATEN FÜR 1 SHAKE

250 ml fettarme Milch
2 gehäufte EL Vibono Schoko-Nougat
1 Espresso
40 g Quark (20% Fett)
etwas Vanillemark
Eiswürfel

ZUBEREITUNG

Die Milch und das Eiweißpulver in einen Rührbecher geben.

Den Espresso hineingeben (ob warm oder kalt ist egal). Den Quark und das Vanillemark hinzufügen und alles mit dem Stamixer cremig rühren.

In ein Glas gießen und ein paar Eiswürfel dazugeben.

BÄRIGER BEEREN-TRUNK

ENERGIEDICHTE: 0,7 KCAL/G

ZUTATEN FÜR 1 SHAKE

250 ml fettarme Milch
2 gehäufte EL Vibono Protein Schoko-Nougat
1 TL Vibono-Flohsamenschalen
50 g Himbeeren
50 g Brombeeren
einige Blätter Minze
2 EL Naturjoghurt

ZUBEREITUNG

Die Milch, das Eiweißpulver und die Flohsamenschalen in einen Rührbecher geben und mit dem Pürierstab mixen.

Die Himbeeren, die Brombeeren und den Großteil der Minze waschen, in den Rührbecher geben und alles mit dem Pürierstab cremig rühren.

Den Naturjoghurt unterheben. Den Shake in ein Glas füllen und mit den restlichen Minzblättern garnieren.

Dazu ein paar Beeren zu naschen, ist völlig in Ordnung.

Bäriger
Beeren
Trunk

Schoko
Pflaumen
Traum

SCHOKO-PFLAUMEN-TRAUM

ENERGIEDICHTE: 1,0 KCAL/G

ZUTATEN FÜR 1 SHAKE

250 ml fettarme Milch
2 gehäufte EL Vibono Protein Schoko-Nougat
15 g Walnüsse
60 g Pflaumen

ZUBEREITUNG

Die Milch und das Eiweißpulver in einen Rührbecher geben.

Die Walnüsse fein hacken. Die Pflaumen waschen und entkernen. Beides in den Shake geben und nach Belieben fein pürieren.

In ein Glas gießen und beim Genießen darüber nachdenken, wann man eigentlich das letzte Mal Sport getrieben hat. Allein ein langer Spaziergang wäre doch schon mal wieder super, oder?

WEIHNACHTS-SPECIALS

Der Advent ist für das Gewicht die gefährlichste Zeit des Jahres.

Viele Verlockungen, wenig Zeit zum Kochen und kaum Lust auf Bewegung im Freien – all das trägt dazu bei, dass ärgerliche Pfunde auf die Hüften wandern.

Um nicht auf Lebkuchen, Schokolade und Spekulatius verzichten zu müssen, haben wir uns drei köstliche und gleichzeitig abnehmtaugliche Shakes überlegt, die man mit gutem Gewissen statt einer Mahlzeit genießen darf.

So lässt sich die Vorweihnachtszeit mit vollem Genuss gut überstehen!

Weihnachts
Specials

Apfel
Mandel
Traum

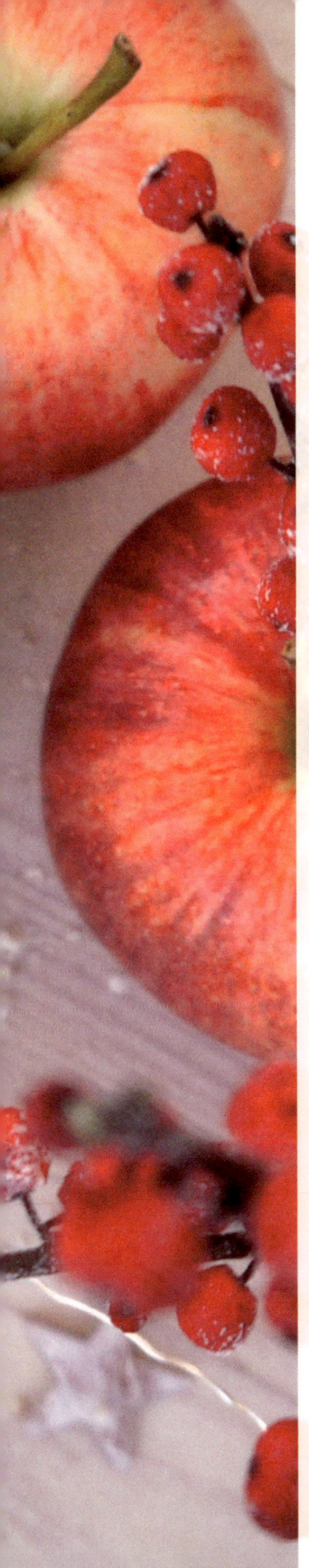

APFEL-MANDEL-TRAUM

ENERGIEDICHTE: 1,0 KCAL/G

ZUTATEN FÜR 1 SHAKE

250 ml fettarme Milch
2 gehäufte EL Vibono Protein Sahne-Vanille
80 g Apfel
10 g Nussmischung
10 g geriebene Mandeln

ZUBEREITUNG

Die Milch und das Eiweißpulver in einen Rührbecher geben.

Den Apfel schälen und in kleine Stücke schneiden. Die Nüsse fein hacken. Die Apfelstücke, die Nüsse und den Großteil der geriebenen Mandeln ebenfalls in den Rührbecher geben und alles mit dem Pürierstab cremig rühren.

Den Shake in ein Glas gießen und mit den restlichen geriebenen Mandeln bestreuen.

Beim Genuss dieses köstlichen Weihnachtsshakes über den Wunschzettel für Weihnachten nachdenken!

SPEKULATIUS-PFEFFER-MIX

ENERGIEDICHTE: 1,1 KCAL/G

ZUTATEN FÜR 1 SHAKE

250 ml fettarme Milch
2 gehäufte EL Vibono Protein Schoko-Nougat
2 Spekulatius
Schwarzer Pfeffer (aus der Mühle)
1 Prise gemahlener Sternanis
1 Prise gemahlener Zimt
1 Prise gemahlener Piment

ZUBEREITUNG

Die Milch und das Eiweißpulver in einen Rührbecher geben.

Die Spekulatius zerbröseln und mit etwas Pfeffer und den Wintergewürzen hinzufügen. Alles mit dem Pürierstab cremig quirlen.

Den Shake in ein Glas gießen und etwas schwarzen Pfeffer darübermahlen.

Spekulatius
Pfeffer
Mix

Lebkuchen Schoko Shake

LEBKUCHEN-SCHOKO-SHAKE

ENERGIEDICHTE: 1,0 KCAL/G

ZUTATEN FÜR 1 SHAKE

250 ml fettarme Milch
2 gehäufte EL Vibono Protein Pur o. Schoko-Nougat
1 TL Vibono-Flohsamenschalen
1/2 Lebkuchen
1 Msp. gemahlener Zimt
1 Stück Schokolade (85% Kakao)

ZUBEREITUNG

Den Lebkuchen in einem Rührbecher ein paar Minuten in der Milch quellen lassen.

Das Eiweißpulver, die Flohsamenschalen und den Zimt dazugeben und alles mit dem Pürierstab cremig rühren.

Den Shake in ein Glas füllen und die Schokolade fein darüberraspeln.

Impressum

1. Auflage, September 2017

© Vibono GmbH, Hollenbach 2017

Druck: CPI Books GmbH, Ulm

Umschlagfoto: Kimera Knopp
Rezeptfotos: Kimera Knopp
Autorenfoto Andreas Schweinbenz: Tom Kohler (www.tomkohler.de)
Autorenfotos Kimera Knopp: Zapppic/Sebastian Meyer
Sonstige Fotos: istockphoto.com

Gestaltung und Layout: Kimera Knopp (www.kimera-design.de)

Redaktion: Lara Tunnat (www.lektorat-tunnat.de)

Printed in Germany

ISBN 978-3-943088-10-6

www.vibono.de

www.facebook.com/vibono

Kontakt, Kritik, Kommentare

Wir haben uns sehr bemüht, Fehler jeglicher Art zu vermeiden. Die Rezepte haben wir mehrfach gemixt und von anderen probieren lassen. Die Texte haben wir intensiv gelesen und lektorieren lassen. Sollten sich trotzdem Fehler eingeschlichen haben, freuen wir uns über deren Meldung, damit wir sie in weiteren Auflagen korrigieren können.

Genauso freuen wir uns über Anregungen, Ideen und Hinweise jeglicher Art, die wir in zukünftigen Büchern oder im Vibono Abnehm-Coaching berücksichtigen können.

Kommentare und Kritik bitte an:

koestliche-shakes@vibono.de

Dr. Andreas Schweinbenz

Schatz, meine Hose rutscht!

Wie Sie ohne Diät genussvoll abnehmen.

Keine Diät.
Ein Lebensstil!
Der Vibono-
Bestseller

Dr. Andreas Schweinbenz

Schatz, meine Hose rutscht!

Wie Sie ohne Diät genussvoll abnehmen.

Keine Diät.
Ein Lebensstil!
Der Vibono-
Bestseller

VIBONO
BOOKS

Lesestoff

DIE VIBONO-BÜCHER: DREI BESTSELLER

Top-Platzierung: Platz 1
aller Bücher bei Amazon!

Top-Platzierung: Platz 1
aller Bücher bei Amazon!

450 Tage in den Top 100
aller Bücher bei Amazon!
Top-Platzierungen: Platz 3
aller Bücher bei Amazon.
Platz 1 aller eBooks bei
Amazon!

www.vibono.de/abnehmen/buecher

LECKERE REZEPTE UND KOSTENLOSES ABNEHM-COACHING

ERNÄHRUNGSUMSTELLUNG LEICHT GEMACHT!

· Ziel: ausgewogene Ernährung

· Mit unseren Rezepten wird Abnehmen zum Genuss

· Alle Rezepte mit Energiedichte

www.vibono.de/rezepte

KOSTENLOSES ABNEHM-COACHING

· Zigtausende haben schon erfolgreich abgenommen

· Teilnahme kostenlos und unverbindlich

· Einstieg jederzeit möglich

www.vibono.de/abnehm-coaching

FREE-COACHING-GRUPPE BEI FACEBOOK

· Kostenlose Mitgliedschaft

· Austausch mit anderen Coaching-Teilnehmern

· Viele weitere tolle Rezepte

www.vibono.de/vibono-gruppe

Immer
mobil

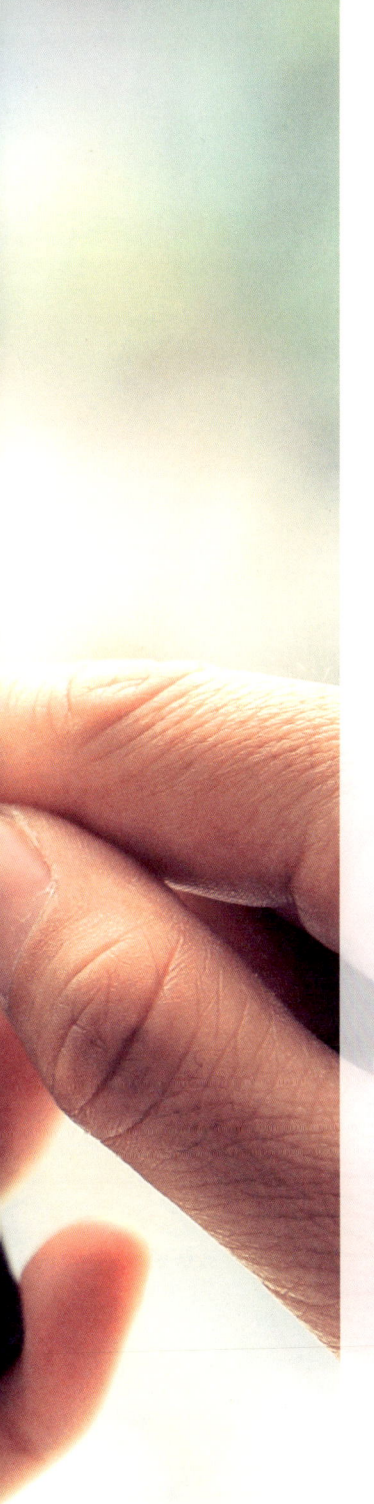

VIBONO-APP

DER MOBILE ABNEHMHELFER
FÜR DIE HAND- UND HOSENTASCHE

· Hunderte leckere Rezepte

· Eigene und Vibono-Rezepte speichern

· Gewichtsprotokoll

· Sport-Tagebuch

· Kostenloses Abnehm-Coaching

· Energiedichte-Datenbank für Lebensmittel

· Energiedichte-Rechner für Mahlzeiten

· Tägliche Motivation

· Antworten auf häufige Fragen

· Jede Menge Unterhaltung

www.vibono.de/vibono-app

ABNEHMEN MIT GENUSS UND GUTER LAUNE

Diäten sind meist eine triste Angelegenheit. Bei Vibono dagegen sind Genuss und gute Laune angesagt! Wir erklären, worauf es beim Abnehmen tatsächlich ankommt, und unterstützen dann äußerst wirksam mit leckeren Rezepten, täglicher Motivation und wertvollen Tipps.

Das Ziel ist eine dauerhafte Ernährungsumstellung, idealerweise ergänzt durch regelmäßige Bewegung. Klingt banal? Ist es eigentlich auch. Das Geheimnis unseres Erfolgs sind unser Pragmatismus und die Qualität des Konzepts.

Lust, mitzumachen?

Weitere Infos auf www.vibono.de

DIÄT

VIBONO